nickelodeon
SHIMMER & Shine

Bienvenue à Zahramay, où habitent les jumelles apprenties génies, Shimmer et Shine, avec leurs animaux de compagnie, Tala et Nahal. Pendant qu'elles s'envolent haut dans le ciel, trouve ces objets dans le paysage :

Shimmer et Shine font leurs emplettes au bazar Azar, où elles trouvent tout à meilleur prix. Peux-tu les aider à dénicher ces objets et ces fruits ?

cette bouteille de génie

cette urne

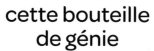

des bananes

un tapis volant

des chaussures

des prunes

Soleil rime avec sable, surf et... sœurs ! Quand le soleil plombe, Shimmer et Shine passent la journée à la plage Bela. Repère ces choses qu'on trouve habituellement au bord de la mer :

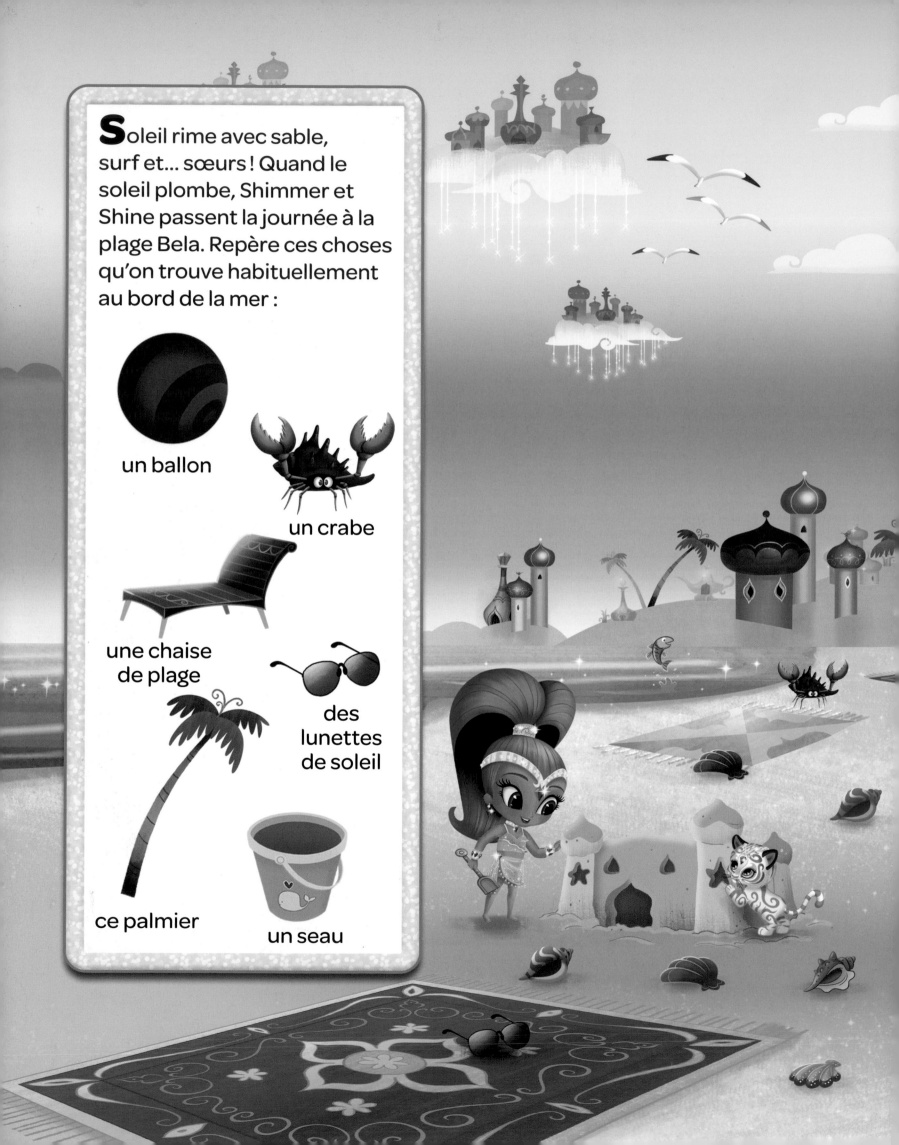

un ballon

un crabe

une chaise de plage

des lunettes de soleil

ce palmier

un seau

Chaque jour, Shimmer et Shine exaucent trois vœux de leur meilleure amie, Léa. Aujourd'hui, elles doivent l'aider à faire des cupcakes. Trouve ces articles ménagers dans sa cuisine :

ce bol

ce gobelet à mesurer

la mitaine de four

cette cuillère

la poêle à frire

le mixeur

Les génies étant des amies secrètes de Léa, elles disparaissent dès que son voisin Zac arrive chez elle pour préparer son spectacle de magie ! Trouve Shimmer, Shine et ces accessoires du magicien Zac :

le chapeau haut-de-forme

Shimmer

la boule de cristal

les anneaux

la baguette magique

Shine

Les apprenties génies n'exaucent pas toujours les vœux de Léa comme il faut. Au lieu de faire apparaître une cabane dans un arbre, elles ont transformé sa maison en arbre ! Trouve ces animaux dans la maison :

le cygne

le poulet

le renne

l'éléphant

la vache

le crabe

Shimmer, Shine et Léa terminent cette magnifique journée en dansant au son de leur musique préférée ! Aide-les à trouver ces robes colorées qui donneront de l'éclat à cette fête génifique :

De retour chez elles, à Zahramay, Shimmer, Shine, Tala et Nahal jouent à cache-cache avant de se blottir sur le canapé. Boum Zahramay ! C'est le temps de jouer ! Examine le salon pour découvrir ce qui s'y cache :

le livre

la tasse de thé

Nahal

ce plafonnier

Tala

cette plante

Dans les hauteurs qui dominent Zahramay, tu verras des tapis volants et bien d'autres choses. Trouve celles-ci :

ce nuage

cet oiseau

l'étoile

la bouteille de génie

le soleil

cet oiseau

Précipite-toi au bazar pour chercher tous les articles sur la liste de Shimmer et Shine :

des coussins

une cage d'oiseaux

un éléphant

un ananas

cette pierre précieuse

un panier

Reviens à la plage Bela pour repérer ce qu'on voit normalement au bord de la mer. N'oublie pas ton écran solaire !

ce coquillage

cette pelle

une carte de chasse au trésor

ce coquillage

un poisson

un château de sable

Les cupcakes sont un vrai régal pour Shimmer et Shine. Essaie de trouver ceux-ci dans la cuisine de Léa :

Zac n'a pas réussi son tour de magie. Ça arrive. Souvent même. Il voulait sortir un lapin de son chapeau, mais il en est apparu beaucoup plus ! Peux-tu trouver ces lapins sautillants ?

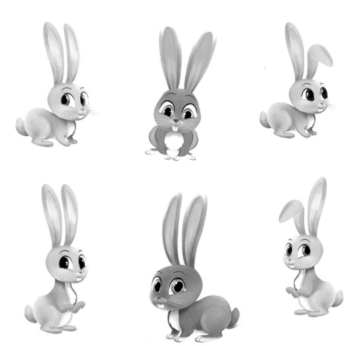

Shimmer et Shine ont fait apparaître à l'intérieur des éléments de l'extérieur ! Trouve ces fleurs dans le salon de Léa :

Examine la chambre de Léa pour y repérer ces accessoires qui font miroiter les tenues de danse :

ce bracelet

cette tiare

ces colliers

ces boucles d'oreilles

ce sautoir

ce bracelet

Shimmer et Shine veulent se reposer ! Cherche où sont ces objets moelleux dans leur maison.

le cheval en peluche

ce coussin

cette couverture

ce minitraversin

l'ours en peluche

ces pantoufles